NOUVELLES OBSERVATIONS

SUR

LES VOUTES DE L'ABBAYE DE SAINT-ÉTIENNE

DE CAEN ;

PAR M. BOUET,

Membre de l'Institut des provinces, inspecteur de la Société
française d'archéologie.

Extrait du Bulletin monumental publié à Caen par M. de Caumont.

CAEN,

CHEZ A. HARDEL, IMPRIMEUR-LIBRAIRE,

Rue Froide, 2.

—

1862.

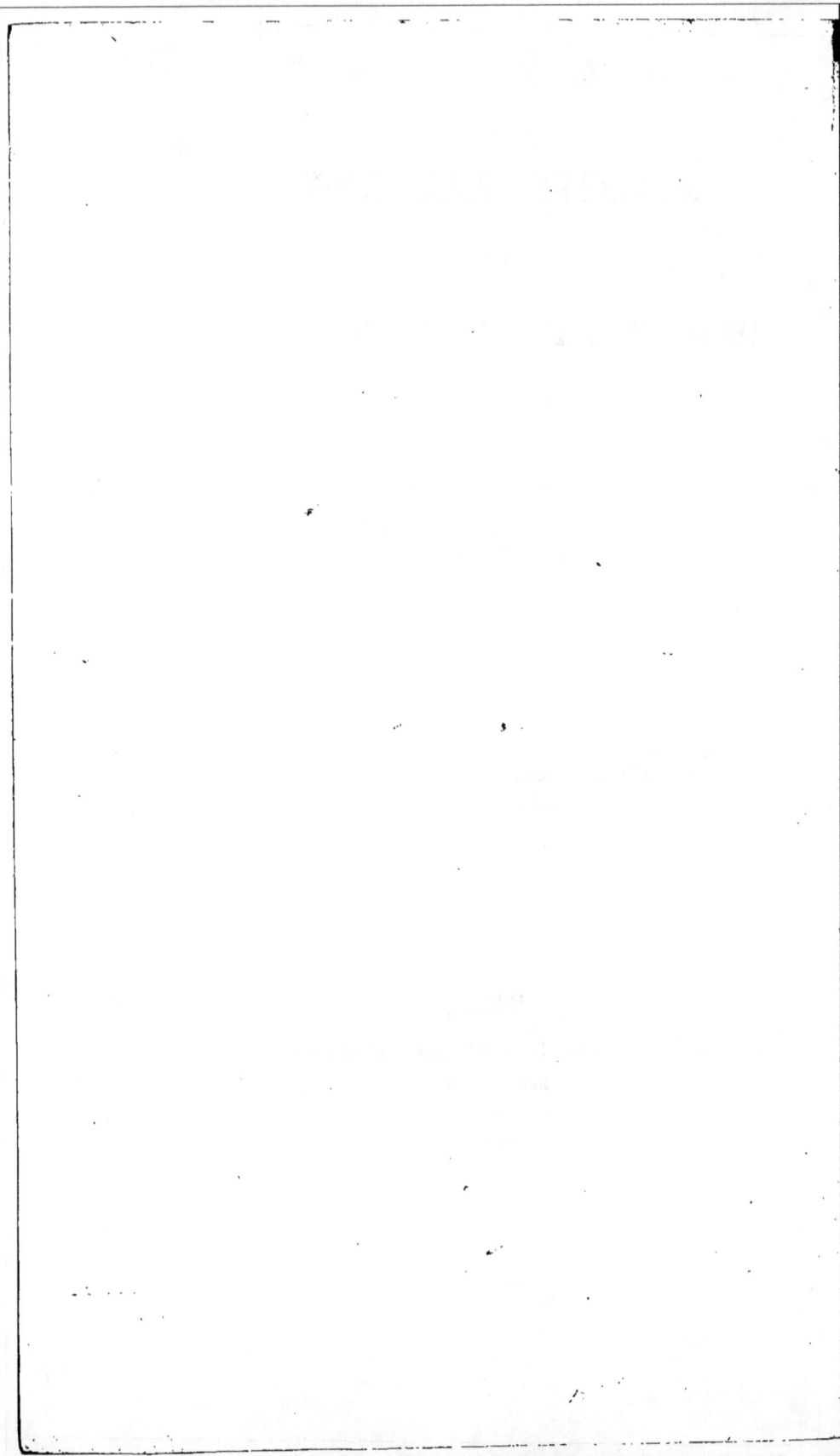

NOUVELLES OBSERVATIONS

LES VOUTES DE L'ABBAYE DE SAINT-ÉTIENNE

DE CAEN.

———o—◇—o———

MONSIEUR LE DIRECTEUR,

En annonçant, dans le 6e. numéro du *Bulletin monumental*, la publication faite par la Société des Beaux-Arts du Mémoire de M. Ruprich-Robert au sujet des voûtes de l'Abbaye-aux-Hommes, vous remarquiez que ces faits avaient déjà fait le sujet d'une notice, présentée par moi à la Société des Antiquaires de Normandie.

Je viens de me procurer le Mémoire de M. Ruprich-Robert, et je vois qu'en effet nous sommes d'accord sur le fait principal de la non-primitivité des voûtes ; mais nous différons notablement sur la disposition qui a précédé leur construction.

Cette église étant en quelque sorte le point de départ de l'histoire de l'architecture en Normandie et en Angleterre, il est, je crois, très-important de ne pas se former une fausse idée de ce qu'elle était dans l'origine.

Permettez-moi donc d'entrer dans quelques détails, que j'emprunte pour la plupart à mon Mémoire :

Long-temps j'ai cru que l'alternance d'un gros pilier et d'un plus mince prouvait que, dès le sol, on avait intention d'élever des voûtes sexpartites sur la nef; j'avais souvent soutenu cette opinion contre notre savant confrère M. Parker, lorsque je reçus de lui une lettre. Devant nécessairement aborder cette question dans un travail sur l'histoire comparée de l'architecture en Angleterre et en France qu'il devait lire à l'*Institut des architectes britanniques*, il me demandait d'examiner de plus près l'édifice, ne doutant pas que je ne trouvasse la preuve d'un remaniement du clérestory au XIIe. siècle.

Cherchez, m'écrivait-il, *si vous ne pourrez pas trouver des joints, dans la maçonnerie, qui indiquent un changement dans l'époque de la construction.*

Je fis alors des recherches plus complètes qui m'ont fait acquérir, comme à l'auteur du Mémoire, une entière certitude que l'étage du clérestory de la nef et des transepts, primitif à l'extérieur, est en grande partie à l'intérieur d'une date plus récente, et que ces changements avaient eu pour cause l'addition de voûtes qui n'existaient pas dans l'ancien plan.

Nous nous accordons donc parfaitement sur ce fait principal; mais quelle était la disposition qui a précédé celle que nous voyons maintenant? Ici, se rencontrent entre nous quelques différences.

Transepts.

Commençons par les transepts :

« *On trouve à l'étage du clérestory du transept septentrional*, dit M. Robert, *du côté est, des traces des dispositions primitives de cet étage..... D'après ces traces, on voit qu'il y avait primitivement quatre arcatures; nous les avons représentées dans notre restauration.* »

M. Ruprich-Robert a très-bien remarqué, comme on le voit par ces lignes, qu'il y avait primitivement quatre arcatures; mais il les représente portées sur des piliers carrés

« *comme à l'abbaye de Bernay,* » tandis qu'elles étaient
et sont encore en partie portées sur des colonnes monocylin-
driques, dont on voit en place des abaques , un coin de cha-
piteau, et même un fût de colonne à demi enseveli dans
l'épaisseur du mur (1).

Je donne ici en regard, une coupe de ce *triforium,* d'après

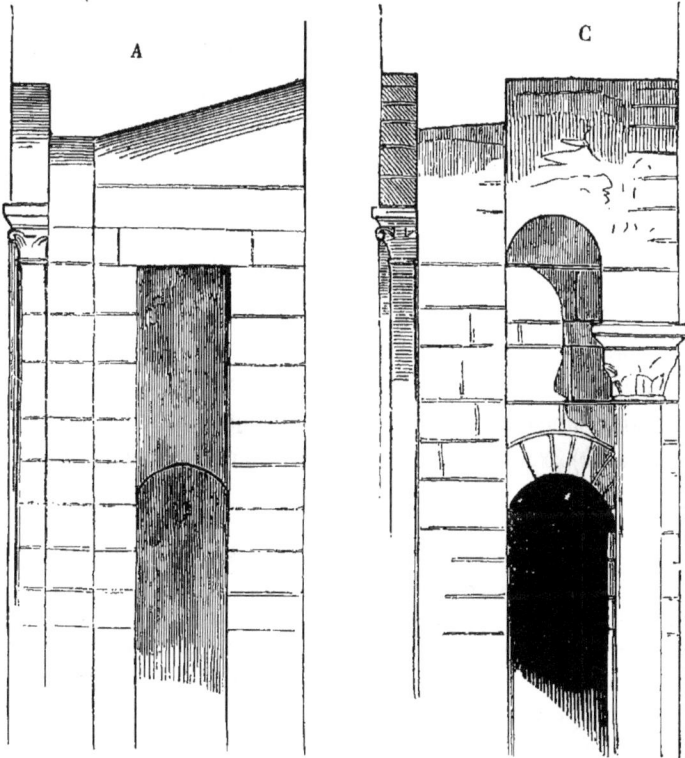

M. Ruprich-Robert (A), et une d'après mes dessins (C) ; outre

(1) Ce fût, de 36 centimètres de diamètre , se trouve dans le massif
central, du côté ouest du transept méridional. Ce qui paraît avoir
trompé M. Ruprich-Robert, c'est qu'il pensait que les traces de l'ancienne disposition n'étaient visibles que du côté est du transept septen-

la différence que nous venons d'indiquer, on pourra en remarquer quelques autres : ainsi, je crois pouvoir assurer que les arcs ne formaient pas une embrasure, mais un cintre régulier porté sur l'archivolte de la fenêtre (1).

Le transept septentrional de l'abbaye de Cerisy conserve encore sa disposition primitive, presque identique.

L'établissement de voûtes sur les transepts a entraîné quelques autres changements : ainsi, les colonnettes sur lesquelles elles reposent, et qui, comme l'indique le dessin de M. Ruprich-Robert, ont été insérées dans l'ancienne maçonnerie, ont nécessité une déviation du couloir qui conduit de la tribune méridionale dans celle du transept.

Gros piliers de l'intertransept.

Dans le dessin qu'il donne de l'état ancien du transept, l'auteur du Mémoire indique un changement assez considérable par lequel on aurait renforcé les grands arcs de l'intertransept, d'une archivolte portée sur des colonnettes. Cette addition supposerait refaite en même temps la base du clocher central (2). Nous ne voyons rien qui indique un pareil changement.

trional, tandis que les trois autres galeries présentent des renseignements tout aussi importants.

(1) Pour terminer ce que nous avons à dire des fenêtres, nous plaçons ici cette remarque que les fenêtres primitives (au moins celles des tribunes, dont il nous reste un exemple), avaient été construites sans avoir aucun égard à la vitrerie. Aucune rainure n'a été pratiquée par les maçons. Lorsque les vitriers ont voulu les vitrer, ils ont fait une grossière entaille pour recevoir le verre. J'avais toujours rencontré cette disposition aux espèces de meurtrières qui éclairaient les petites églises romanes et que je pensais n'avoir pas été destinées à être vitrées; mais je n'avais pas remarqué que les grandes fenêtres de cette époque présentent quelquefois le même arrangement.

(2) Nous ferons remarquer ici que la portion de la tour centrale

Nef.

M. Ruprich-Robert a très-bien remarqué l'exhaussement du niveau de la tribune et l'abaissement de celui du clérestory. Nous admettons aussi ce qu'il dit ensuite :

« *Les parties conservées indiquées sur notre petit plan*
« *des galeries ont assez d'étendue pour que l'on puisse*
« *conclure que les quatre arcatures que nous avons vues*
à l'étage du clérestory dans le transept, ne régnaient pas
« *à cet étage de la nef.* »

Mais l'auteur ajoute :

« *Une seule arcade pouvait y trouver sa place, il n'y*
« *en avait donc qu'une seule et elle correspondait à la*
« *fenêtre.* »

Mais s'il n'y avait qu'un arc, il était inutile de le détruire, car il ne gênait nullement l'établissement des voûtes. Il gênait si peu que l'architecte qui les a construites a copié exactement, pour le transept, cette disposition que, suivant M. Robert, il détruisait dans la nef sans aucune nécessité, pour la remplacer par l'arcade boiteuse que nous voyons maintenant. Pour nous, même à notre époque, nous avons peine à croire à tant de démolitions inutiles. Mais si quatre arcatures n'étaient pas possibles dans une travée, ne leur aurait-on pas pu trouver place dans une double travée ?

Il est vrai que, si on s'en rapporte au plan donné par l'auteur, cela serait impossible ; mais, dans ce plan, le petit massif marqué A a été représenté trop large, puisqu'il n'occupe en réalité que le tiers de la masse totale.

qui regarde le chœur est seule ancienne : le côté de la nef ayant été reconstruit à une époque moderne, ainsi que les deux gros piliers qui le portent.

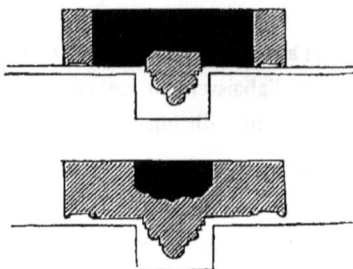

L'arcature des transepts était portée sur des colonnes, et je crois en avoir donné des preuves suffisantes. Sans avoir de preuves aussi convaincantes pour la nef, ce seul fait rendrait probable leur existence dans cette partie de l'église.

« *Les colonnes qui reçoivent la retombée des arcs diago-* « *naux des voûtes*, continue M. Ruprich-Robert, *ont été* « *incrustées dans le mur....... On comprend que ces colonnes* « *ont été ajoutées au moment de la construction de la voûte.* »

D'accord, mais pourquoi ?

« *Parce que la nervure des arcs diagonaux n'aurait pu* « *s'asseoir convenablement sur la forme carrée que pré-* « *sentait le sommet du pilier.* »

Je ne sais, à la vérité, par quoi remplacer cette explication que l'on a souvent donnée de ce changement ; mais j'ai peine à l'admettre : un simple plan fera, je crois, comprendre que la forme carrée eût été plus favorable.

M. Ruprich-Robert pense que les piliers qui portent maintenant les grandes voûtes montaient autrefois jusqu'à la charpente, et que l'alternance des piles peut s'expliquer par l'existence d'une poutre plus forte, de deux en deux. Cependant, un si grand espace n'était pas nécessaire pour porter des poutres d'un fort équarrissage : si bien que, dans son dessin, M. Robert fait bon marché de cette explication, en ne faisant porter la poutre que sur la colonne et ne donnant rien à porter aux pilastres.

Mais, de ce que l'on voit à Waltham et à Winchester des piliers ainsi disposés, s'ensuit-il que ce soit la seule disposition possible ? et, s'il faut opposer une supposition à une autre supposition, je serais plus porté à croire que les deux murs de la nef étaient reliés, de deux en deux travées par un grand arc. La disposition qu'indique M. Ruprich-Robert se rencontre, à la vérité, en Angleterre ; mais on voit encore celle-ci en Normandie, dans la nef de l'abbaye de Cerisy (V. la page 10), et elle existait aussi à celle de St.-Vigor.

Tribunes.

M. Ruprich-Robert ne pense pas que le demi-berceau placé sur les tribunes soit une œuvre primitive : en effet, en examinant les premières travées vers le chœur, on voit les traces d'une autre disposition qui a été abandonnée pendant le cours des travaux. Mais, au lieu d'une charpente portée sur de hauts pilastres[1], comme l'indique l'auteur du Mémoire, on semble avoir voulu faire une voûte d'arête portée sur des colonnes.

Dans mon système, que je présente au reste comme une simple supposition, la construction des grands arcs de la nef aurait permis de remplacer cet arrangement par celui plus simple de la voûte en arc-boutant.

NEF DE CERISY.

Travée de l'orgue.

Outre les modifications signalées par l'auteur du Mémoire, il y en a quelques-unes qui semblent lui avoir échappé. Les plus importantes se rapportent à la travée de l'orgue.

Cette travée a subi, dès l'époque romane, des remaniements qui ont profondément altéré le caractère de grandeur que Guillaume avait imprimé à toutes ses constructions. Un dessin de l'état primitif et de l'état actuel vous en convaincra, je pense.

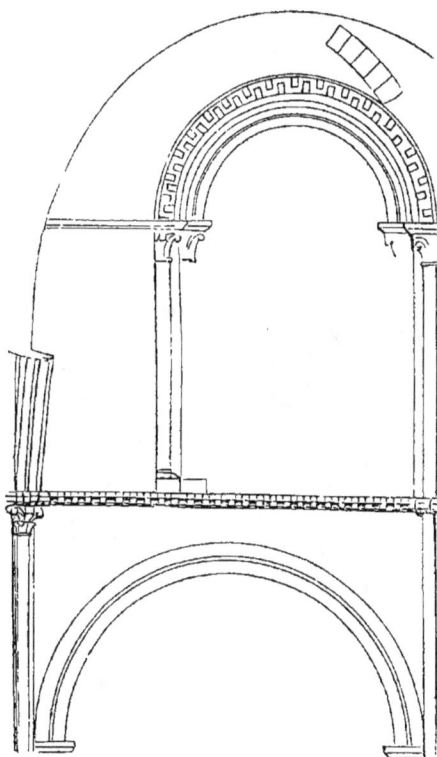

TRAVÉE DE L'ORGUE (ÉTAT ACTUEL).

ÉTAT ANCIEN DE LA MÊME TRAVÉE.

De plus, un plan de cette travée vous fera voir d'autres

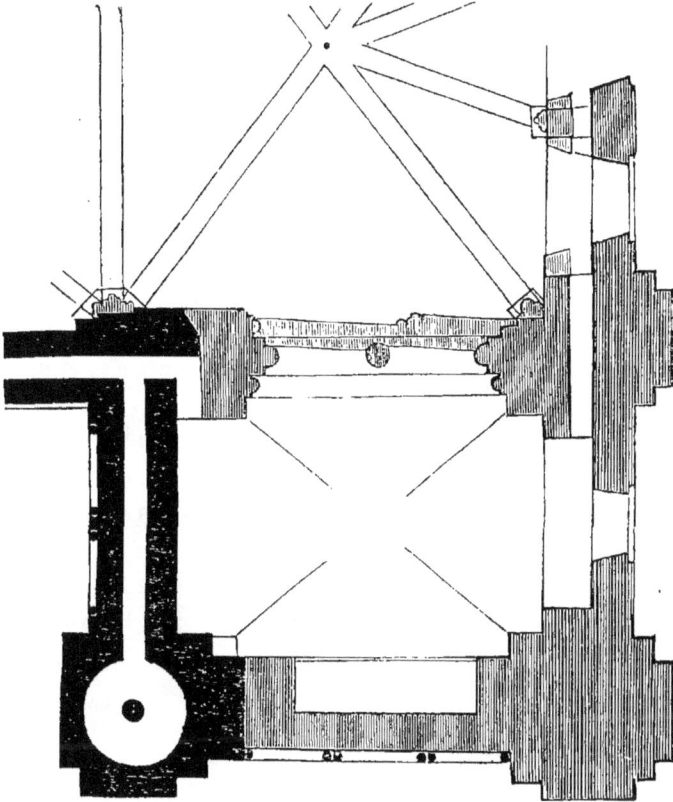

MOITIÉ DU PLAN DE LA TRAVÉE DE L'ORGUE.

additions faites au mur de façade, et qui, comme dans la nef et les transepts, avaient pour but de renforcer les pieds-droits des fenêtres auxquels on donnait à porter les nouvelles voûtes.

Tous les changements dont je vous ai parlé jusqu'ici sont d'un style roman, différent en tous points de celui des constructions originales.

Il est bon, je crois, de mettre ici en regard les caractères de ces deux variétés, car leur connaissance peut aider beaucoup à distinguer les édifices de l'époque de Guillaume de ceux de la période suivante.

Dans la construction primitive, l'appareil offre partout de larges joints en relief et d'un travail soigné, même dans les endroits d'un abord difficile.

Dans les reconstructions, la taille est moins grossière, les joints sont minces ; mais dans les endroits en vue on avait simulé des joints en relief, moins larges cependant que les anciens.

Ces différences ont disparu, en grande partie, au siècle dernier dans le grattage général de l'église ; mais on les retrouve dans quelques endroits que le racloir a épargnés, et ils sont très-apparents dans les couloirs du clérestory.

Quelqu'étroit que soit un couloir, la voûte primitive est toujours en plein-cintre, tandis que toutes les portions de couloir voûtées plus tard le sont toujours au moyen de pierres plates.

Dans les portions anciennes seules, les joints entre les pierres dévient quelquefois de la verticale, et on trouve des

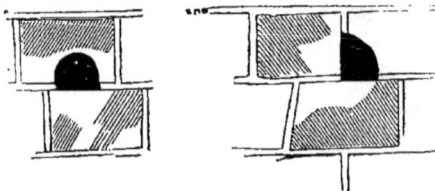

trous de boulin en forme de demi-cercle ou de quart de cercle (1).

(1) Je m'expliquais cette forme en pensant que l'on plaçait dedans des perches formées de bois fendu en deux ou en quatre. Cependant j'en ai rencontré un où la courbe est le contraire, à l'extérieur, de ce qu'elle est à l'intérieur.

A ces changements correspondent, comme on doit s'y attendre, de grandes différences dans la décoration :

Dans les additions seules se rencontrent les chapiteaux à godrons, à entrelacs et à perles, les consoles décorées de sculptures et les frettes crénelées.

Tandis que les moulures des archivoltes reposent dans les constructions primitives sur un abaque, dans les nouvelles elles se continuent le long des pieds-droits. Elles consistent soit dans un rang de frettes crénelées, soit dans un tore plus mince que les anciens.

Tout ce qui porte les caractères que j'ai assignés ici aux portions anciennes est-il du temps de Guillaume ? Je le crois ; mais, dans ces constructions primitives elles-mêmes, il y a plusieurs périodes dont on peut trouver les traces. J'ai déjà parlé de ce changement de plan qui a eu lieu pendant la construction des tribunes, et qui semble prouver que la construction des travées du côté du chœur a précédé celle des autres.

Mais un fait plus curieux et sur lequel personne jusqu'ici n'a appelé l'attention, c'est que la travée de l'orgue, sur laquelle reposent les deux clochers de façade, paraît être une addition à l'édifice primitif, avec lequel elle ne fait point corps, étant collée contre lui sans liaison apparente (1).

Les preuves à l'appui de ce fait, faciles à donner sur place, demanderaient de nombreux dessins et une description qui, sous ma plume, risquerait fort d'être ennuyeuse.

Cette portion de l'édifice a dû être bâtie peu de temps après la construction principale ; aussi, nous avons peu de différences de style à indiquer. Cependant les chapiteaux du portail diffèrent de ceux du reste de l'église ; le relief des joints présente un profil différent : toutes choses qui pourraient, à la rigueur, n'indiquer qu'un changement d'ouvrier, si le point

---

(1) Le plan de cette travée, que nous avons donné plus haut, indique en noir les portions primitives.

de jonction de l'œuvre ancienne avec les travaux postérieurs n'était pas évident dans toute la hauteur de l'édifice.

Voilà, Monsieur le Directeur, en quoi s'accorde et en quoi diffère le résultat des recherches de M. Ruprich-Robert et des miennes. J'ai dû, dans cette lettre, faire ressortir les différences qui existent dans notre manière de voir; mais, comme je l'ai dit en commençant, nous nous accordons parfaitement sur le fait principal.

Quelles sont les dates exactes de ces constructions? Je ne sais; pour la construction primitive, il y a peu d'accord entre les auteurs de seconde main que j'ai consultés. Ainsi, je trouve 1064, 1070 pour la fondation, et 1071, 1073, 1077, 1078 pour la dédicace. Je crois bien que les termes de documents originaux apporteraient quelque lumière sur cette question, qui se recommande à notre savant archiviste, M. Chatel.

Pour la construction des voûtes, on n'a, jusqu'ici, apporté aucun renseignement historique. Cependant, dans un manuscrit du British Museum publié pour la première fois par notre confrère M. Parker (1), on voit que les religieux de l'abbaye de Waltham se plaignaient d'avoir été dépouillés par Guillaume II, qui aurait envoyé leurs trésors à l'abbaye de St.-Étienne. Ne serait-ce point ces libéralités faciles qui auraient aidé au grand remaniement de l'étage du clérestory? C'est une simple supposition dont on pourra faire bon marché; mais j'ai pensé devoir faire connaître ce fait, qui, je crois, n'a pas encore été signalé.

Veuillez, Monsieur le Directeur, me pardonner la longueur de cette lettre; mais le monument qui en fait le sujet m'a paru assez important pour mériter une étude sérieuse.

(1) *De inventione sanctæ Crucis nostræ in Monte acuto et de ductione ejusdem apud Waltham*, avec introduction et notes, par William Stubbs M. A., chez J. H. and Jas. Parker, Oxford; et 377, Strand, Londres.